欽定四庫全書

昭明太子集卷四

梁 蕭統 撰

書

答雲法師請開講書

統覽近示知欲見令道義夫釋教凝深至理淵粹一相之道杳然難測不二之門寂焉無響自非深達玄宗精解玅義若斯之處豈易輕辯至於宣揚正教在乎利物

耳弟子之於內義誠自好之樂之然鈎深致遠多所未悉為利之理蓋何足論諸僧竝入法門遊道日廣至於法師彌不俟說云欲見參稟良所未喻想得此意不復多云

又荅雲法師書

重覽來示知猶欲令述義不辯為利具如前言甘露之開彌慚未說若止是畧標義宗無為不爾但媿以魚目擬法師之夜光耳

答晉安王書

得五月二十八日疏并詩一首省覽周環慰同促膝汝本有天才加以愛好無忘所能日見其善首尾裁净可為佳作吟玩反覆欲罷不能相如奏賦孔璋呈檄曹劉異代竝號知音發嘆凌雲興言愈病嘗謂過差未以信然一見來章而樹諼忘痗方證昔談非為妄作炎涼始貿觸興自高覩物興情更向篇什昔梁王好士淮南禮賢遠致賓遊廣招英俊非唯藉甚當時故亦傳聲不朽

必能虛已自來慕義含毫屬意差有起予攝養得宜與時無爽耳既責成有寄居多暇日敎核墳史漁獵詞林上下數千年間無人致足樂也知少行遊不動亦靜不出户庭觸地丘壑天遊不能隱山林在目中冷泉石鏡一見何必勝於傳聞松塢杏林知之恐有逾吾就靜然終日披古為事況觀六籍襍玩文史見孝友忠貞之跡覩治亂驕奢之事足以自慰足以自言人師益友森然在目嘉言誠至無俟旁求舉而行之念同乎此但清風

朗月思我友于各事藩維未克棠棣興言届此夢寐增勞善護風寒以慰懸想指復立此促遲還書

荅湘東王求文集及詩苑英華書

得疏知須詩苑英華及諸文製發函伸紙閱覽無輟雖事涉烏有義異擬倫而清新卓爾殊為佳作夫文典則累野麗亦傷浮能麗而不浮典而不野文質彬彬有君子之致吾嘗欲為之但恨未逮耳覩汝諸文殊與意會至於此書彌見其美遠兼邃古傍暨典墳學以聚益居

焉可賞吾少好斯文迄茲無倦譚經之暇斷務之餘陟龍樓而靜拱掩鶴關而高臥與其飽食終日寧遊思於文林或日因春陽其物韶麗樹花發鶯鳴和春泉生暄風至陶嘉月而嬉遊藉芳草而眺矚或朱炎受謝白藏紀時玉露夕流金風多扇悟秋山之心登高而遠託或夏條可結倦於邑而屬詞冬雲千里覩紛霏而興詠密親離則手為心使昆弟宴則墨以情露又愛賢之情與時而篤冀同市駿庶匪畏龍不如子晉而事似洛濱之

遊多愧子桓而興同漳川之賞漾舟玄圃必集應阮之儔徐輪博望亦招龍淵之侶校覈仁義源本山川旨酒盈罍嘉肴溢俎曜靈既隱繼之以朗月高春既夕申之以清夜竝命連篇在茲彌博又往年因暇搜採英華上下數十年間未易詳悉猶有遺恨而其書已傳雖未為精覈亦粗足諷覽集乃不工而竝作多麗汝既須之皆遣送也

與何胤書

某叩頭叩頭昔園公道勝漢盈屈節春卿經明漢莊北面況乃義兼乎此而顧揆不肖哉但經途千里眇焉莫因何嘗不夢姑胥而鬱陶想具區而杼軸心往形留於兹有年載矣方今朱明受謝清風戒寒想攝養得宜與時休適耽精義味玄理息囂塵玩泉石激揚碩學誘接後進志與秋天競高理與春泉爭溢樂可言乎豈與口厭芻豢耳聆絲竹之娛者同年而語哉方今泰階端平天下無事修日養夕差得從容鑽閱六經泛濫百氏研

尋物理領畧清言既以自慰且以自儆而才性有限思力匪長熱疹惛憒多嘶過目釋卷便忘是以蒙求之懷於兹彌軫聊遣典書陳顯宗申其蘊結想敬闕宜此豈盡意

與劉孝儀書

賢從弟中庶孝陵孝友淳深立身貞固内含玉潤外表瀾清言行相符終始如一文史該富琬琰為心辭章辯博玄黄成采既以鳴謙表性又以難進自居益者三友

此實其人及弘道下邑未申善政而能使人結去思野多馴翟此亦威鳳一羽足以驗其五德

與晉安王書

明北兖到長史遂相係凋落去歲陸太常殂殁今兹二賢長謝皆海内俊乂東序秘寶此之嗟惜更復何論但游處周旋竝淹歲序造膝忠規豈可勝說幸免祇悔實二三子之力談對如昨音言在耳零落相仍皆成異物每一念至何時可言天下之寶理當惻愴

與晉安王書

近張新安又致故其人才筆弘雅亦足嗟惜隨弟府朝東西日久尤當傷懷也比人物零落特可潸慨屬有今信乃復及之

與殷芸書

北兗信至明常侍遂至殞逝聞之傷怛此賢儒術該通志用稽古溫厚淳和倫雅弘篤授經以來迄今二紀若其上交不諂造膝忠規非顯外迹得之胸懷者蓋亦積

矣攝官連率行當言歸不謂長往耶咸疇日追憶談緒皆為悲端往矣如何昔經聯事理當酸愴也

諭殷鈞手書

知比諸德哀頓為過又所進殆無一溢甚以酸耿迴然一身宗奠是寄毀而滅性聖教所不許宜微自遣割俯存禮制饘粥果蔬少加勉彊憂懷既深指故有及并令繆道臻口具

與張纘書

賢兄經學該通,莅事明敏,雖倚相之讀墳典,郤縠之敦詩書,惟今望古,蔑以斯過。自列宮朝,二紀將及,義雖僚屬,情實親友。文筵講席,朝遊夕宴,何曾不同茲勝賞,共此言寄。如何長謝,奄然不追。且年甫强仕,方申才力,摧苗落潁,彌可傷惋。念天倫素睦,一旦相失,如何可言。言及增哽,擥筆無次。

傳

陶淵明傳

陶淵明字元亮或云潛字淵明潯陽柴桑人也曾祖侃晉大司馬淵明少有高趣博學善屬文頴脱不羣任真自得嘗著五柳先生傳以自況曰先生不知何許人也亦不詳姓字宅邊有五柳樹因以為號焉閑靜少言不慕榮利好讀書不求甚解每有會意欣然忘食性嗜酒而家貧不能恒得親舊知其如此或置酒招之造飲輒盡期在必醉既醉而退曾不悋情去留環堵蕭然不蔽風日短褐穿結簞瓢屢空晏如也嘗著文章自娱頗示

已志忘懷得失以此自終時人謂之實録親老家貧起為州祭酒不堪吏職少日自解歸州召主簿不就躬耕自資遂抱羸疾江州刺史檀道濟往候之偃臥瘠餒有日矣道濟謂曰賢者處世天下無道則隱有道則仕今子生文明之世奈何自苦如此對曰潛也何敢望賢志不及也道濟饋以粱肉麾而去之後為鎮軍建威參軍謂親朋曰聊欲絃歌以為三徑之資可乎執事者聞之以為彭澤令不以家累自隨送一力給其子書曰汝旦

夕之費自給為難今遣此力助汝薪水之勞此亦人子也可善遇之公田悉令吏種秫曰吾常得醉於酒足矣妻子固請種秔乃使二頃五十畝種秫五十畝種粳歲終會郡遣督郵至縣吏請曰應束帶見之淵明嘆曰我豈能為五斗米折腰向鄉里小兒即日解綬去職賦歸去來徵著作郎不就江州刺史王弘欲識之不能致也淵明嘗往廬山弘命淵明故人龐通之齎酒具於半道栗里之間邀之淵明有脚疾使一門生二兒舁籃輿既

至欣然便共飲酌俄頃弘至亦無迕也先是顏延之為劉柳後軍功曹在潯陽與淵明情款後為始安郡經過潯陽日造淵明飲焉每往必酣飲致醉弘又邀延之坐彌日不得延之臨去留二萬錢與淵明淵明悉遣送酒家稍就取酒甞九月九日出宅邊菊叢中坐久之滿手把菊忽值弘送酒至即便就酌醉而歸淵明不解音律而蓄無弦琴一張每酒適輒撫弄以寄其意貴賤造之者有酒輒設淵明若先醉便語客我醉欲眠卿可去其

真率如此郡將常候之值其釀熟取頭上葛巾漉酒漉畢還復著之時周續之入廬山事釋惠遠彭城劉遺民亦遁迹匡山淵明又不應徵命謂之潯陽三隱後刺史檀韶苦請續之出州與學士祖企謝景夷三人共在城北講禮加以讎校所住公廨近於馬隊是故淵明示其詩云周生述孔業祖謝響然臻馬隊非講肆校書亦已勤其妻翟氏亦能安勤苦與其同志自以曾祖晉世宰輔恥復屈身後代自宋高祖王業漸隆不復肯仕元嘉

四年將復徵命會卒時年六十三世號靖節先生

昭明太子集卷四

昭明太子集卷五

梁　蕭統　撰

序

文選序

式觀元始眇覿玄風冬穴夏巢之時茹毛飲血之世世質民淳斯文未作逮乎伏羲氏之王天下也始畫八卦造書契以代結繩之政由是文籍生焉易曰觀乎天文

以察時變觀乎人文以化成天下文之時義遠矣哉若夫椎輪為大輅之始大輅寧有椎輪之質增氷為積水所成積水曾微增氷之凜何哉蓋踵其事而增華變其本而加厲物既有之文亦宜然隨時變改難可詳悉嘗試論之曰詩序云詩有六義焉一曰風二曰賦三曰比四曰興五曰雅六曰頌至於今之作者異乎古昔古詩之體今則全取賦名荀宋表之於前賈馬繼之於末自茲以降源流實繁述邑居則有憑虛亡是之作戒畋遊

則有長楊羽獵之制若其紀一事詠一物風雲草木之興魚蟲禽獸之流推而廣之不可勝載矣又楚人屈原含忠履潔君匪從流臣進逆耳深思遠慮遂放湘南耿介之意既傷抑鬱之懷靡愬臨淵有懷沙之志吟澤有憔悴之容騷人之文自茲而作詩者蓋志之所之也情動於中而形於言關雎麟趾正始之道著桑間濮上亡國之音表故風雅之道燦然可觀自炎漢中葉厥塗漸異退傅有在鄒之作降將著河梁之篇四言五言區以

別矣又少則三字多則九言各體互興分鑣並驅頌者所以游揚德業褒讚成功吉甫有穆若之談季子有至矣之嘆舒布為詩既言如彼總成為頌又亦若斯次則箴興於補闕戒出於弼匡論則析理精微銘則序事清潤美終則誄發圖像則讚興又詔誥教令之流表奏牋記之列書誓符檄之品弔祭悲哀之作荅客指事之制三言八字之文篇辭引序碑碣誌狀衆制蜂起源流間出譬陶匏異器並為入耳之娛黼黻不同俱為悅目之

玩作者之致蓋云備矣余監撫餘閒居多暇日歷觀文囿泛覽詞林未嘗不心遊目想移晷忘倦自姬漢以來眇焉悠邈時更七代數逾千祀詞人才子則名溢於縹囊飛文染翰則卷盈乎緗帙自非略其蕪穢集其清英蓋欲兼功大半難矣若夫姬公之集孔父之書與日月俱懸鬼神爭奧孝敬之準式人倫之師友豈可重以芟夷加之剪截老莊之作管孟之流蓋以立意為宗不以能文為本今之所撰又亦畧諸若賢人之美詞忠臣之

抗直謀夫之話辯士之端氷釋泉湧金相玉振所謂坐祖丘議稷下仲連之卻秦軍食其之下齊國留侯之發八難曲逆之吐六奇蓋乃事美一時語流千載槩見墳籍旁出子史若斯之流又亦繁博雖傳之簡牘而事異篇章今之所集亦所不取至於記事之史繫年之書所以褒貶是非紀別同異方之篇翰亦已不同若其議論之綜緝詞采序述之錯比文華事出於沉思義歸乎翰藻故與夫篇述雜而集之遠自周室迄於聖代都為三

十卷名曰文選云爾凡次文之體各以彙聚詩賦體既不一又以類分類分之中各以時代相次

陶淵明集序

夫自衒自媒者士女之醜行不忮不求者明達之用心是以聖人韜光賢人遁世其故何也含德之至莫踰於道親已之切無重於身故道存而身安道亡而身害處百齡之內居一世之中倏忽比之白駒寄寓謂之逆旅宜乎與大塊而榮枯隨中和而任放豈能戚戚勞於憂

畏汲汲役於人間哉齊謳趙舞之娛八珍九鼎之食結駟連鑣之遊侈袂執圭之貴樂既樂矣憂亦隨之何倚伏之難量亦慶弔之相及智者賢人居之甚履薄氷愚夫貪士競此若泄尾閭玉之在山以見珍而招破蘭之生谷雖無人而自芳莊周垂釣於濠伯成躬耕於野或貨海東之藥草或紡江南之落毛譬彼鴛鶵豈競鳶鴟之肉猶斯雜縣寧勞文仲之牲至如子常甯喜之倫蘇秦衛鞅之匹死之而不疑甘之而不悔主父偃言生不

五鼎食死即五鼎烹卒如其言亦可痛矣又有楚子觀周受折於孫滿霍侯驂乘禍起於負芒饕餮之徒其流甚衆唐堯四海之主而有汾陽之心子晉天下之儲而有洛濱之志輕之若脫屣視之若鴻毛而況於他乎是以聖人達士因以晦跡或懷玉而謁帝或披裘而負薪鼓楫清潭棄機漢曲情不在於衆事寄衆事以忘情者也有疑陶淵明之詩篇篇有酒吾觀其意不在酒亦寄為跡焉其文章不羣詞采精拔跌蕩昭章獨超衆類抑

揚爽朗莫之與京横素波而傍流干青雲而直上語時事則指而可想論懐抱則曠而且真加以貞志不休安道苦節不以躬耕為恥不以無財為病自非大賢篤志與道汚隆孰能如此者乎余素愛其文不能釋手尚想其徳恨不同時故更加搜求粗為區目白璧微瑕者惟在閒情一賦揚雄所謂勸百而諷一者卒無諷勸何必搖其筆端惜哉亡是可也并粗點定其傳編之于録常謂有能讀淵明之文者馳競之情遣鄙吝之意祛貪夫

可以廉懦夫可以立豈止仁義可蹈爵禄可辭不勞復傍游太華遠求柱史此亦有助於風教爾

議

駁劉僕射舉樂之議

三年十一月始興王憺薨舊事以東宮禮絶傍親書翰並依常儀太子以為疑命僕射劉孝綽議其事孝綽議曰案張鏡撰東宮儀記稱三朝發哀者踰月不舉樂鼓吹寢奏服限亦然尋傍絶之義義在去服服雖可奪情

豈無悲鏡歌輟奏良亦為此既有悲情宜稱兼慕卒哭之後依常舉樂稱悲竟此理例相符謂猶應兼慕請至卒哭僕射徐勉左率周捨家令陸襄並同孝綽議太子令曰張鏡東宮儀記依士禮終服月稱慕悼又云凡三朝發哀者踰月不舉樂鼓吹寢奏服限亦然劉僕射議云傍絕之義義在去服服雖可奪情豈無悲鏡歌輟奏良亦為此既有悲情宜稱兼慕卒哭之後依常舉樂稱悲竟此理例相符尋情悲之說非止卒哭之後緣情為

論此自難一也用張鏡之舉樂棄張鏡之稱悲一張鏡之言取舍有異此自難二也陸家令止云多歷年所恐非事證雖復累稔所用意常未安近亦嘗以此問外由來立意謂猶應有慕悼之言張豈不以舉樂為大稱悲事小所以用小而忽大良亦有以至如元正六佾事為國章雖情或未安而禮不可廢鏡吹軍樂比之亦然書疏方之事則成小差可緣心聲樂自外書疏自內樂自他書自已劉僕射之議即情未安可令諸賢更共詳衷

司農卿明山賓步兵校尉朱异議稱慕悼之詞宜終服
月於是付典書遵用以為永準

讚

弓矢讚

弓用筋角矢製良工亦以觀德非止臨戎楊葉命中猨
墮長空

爾雅制法則讚

惟斯法則信如四時嚴此刑政刑輕罪疑霜威以振民

不敢欺

蟬讚

玆蟲清潔惟露是餐寂寞秋序咽嘶夏闌豈伊不美矐

彼華冠

昭明太子集卷五

昭明太子集卷六

梁 蕭統 撰

解

令旨解二諦義并問答

二諦理實深玄自非虛懷無以通其弘遠明道之方其由非一舉要論之不出境智或時以境明義或時以智顯行至於二諦即是就境明義若迷其方三有不絕若

達其致萬累斯遣所言二諦者一是真諦二名俗諦真諦亦名第一義諦俗諦亦名世諦真諦俗諦以定體立名第一義諦世諦以褒貶立目若以次第言説應云一真諦二俗諦一與二合數則為三非直數過於二亦名有前後於義非便真既不因俗而有俗亦不由真而生正可得言一真一俗真者是實義即是平等更無異法能為雜閒俗者即是集義此法得生浮偽起作第一義者就無生境中別立美名言此法最勝最妙無能及者

世者以隔別為義生滅流動無有住相涅槃經言出世人所知名第一義諦世人所知名為世諦此即文證褒貶之理二諦立名差別不同真俗世等以一義說第一義諦以二義說正言此理德既第一義亦第一世既浮偽更無有義所以但立世名諦者以審實為義真諦審實是真俗諦審實是俗真諦離有離無俗諦即有即無即有即無斯是假名離有離無此為中道真是中道以不生為體俗既假名以生法為體

南澗寺慧超諮曰浮偽起作名之為俗離於有無名之為真未審浮偽為當與真一體為當有異

令旨答曰世人所知生法為體出世人所知不生為體依人作論應如是說若論真即有是空俗指空為有依此義明不得別異

又諮真俗既云一體未審真諦亦有起動為當起動自動不關真諦

令旨又答真諦寂然無起動相凡夫惑識自橫見起動

又諮未審有起動而凡夫橫見無起動而凡夫橫見
令旨又答若有起動則不名橫見以無動而見動所以
是橫
又諮若法無起動則唯應一諦
令旨又答此理常寂此自一諦橫見起動復是一諦唯
應有兩不得言一
又諮為有橫見為無橫見
令旨又答依人為語有此橫見

又諮若依人語故有橫見依法為談不應見動

令旨又答法乃無動不妨橫者自見其動

丹陽尹晉安王蕭綱諮曰解旨依人為辨有生不生未審浮虛之與不生只是一體為當有異

令旨答曰凡情所見見其起動聖人所見見其不生依人為論乃是異體若語相即則不成異具如向釋不復多論

又諮若真不異俗俗不異真豈得俗人所見生法為體

聖人所見不生為體

令旨荅即俗知真即真見俗就此為談自成無異約人辨見自有生不生殊辨

又諮未審俗諦之體既云浮幻何得於真實之中見此浮幻

令旨荅真實之體自無浮幻惑者橫構謂之為有無傷真實體自玄虛

又諮聖人所見見不流動凡夫所見自見流動既流不

流異愚謂不得為一

令旨答不謂流不流各是一體正言凡夫於不流之中横見此流以是為論可得成一

又諮真寂之體本自不流凡夫見流不離真體然則但有一真不成二諦

令旨答體恒相即理不得異但凡見浮虛聖覩真寂約彼凡聖可得立二諦名

招提寺慧琰諮曰凡夫見俗以生法為體聖人見真以

不生為體未審生與不生但見其異復依何義而得辨一

令旨答曰凡夫於無構有聖人即有辨無有無相即此談一體

又諮未審此得談一一何所名

令旨答曰正以有不異無無無不異有故名為一更無異名

又諮若無不異有有不異無但見其一云何為二

令旨答凡夫見有聖人見無兩見既分所以成二

又諮聖人見無無可稱諦凡夫見有何能稱諦

令旨答聖人見無在聖為諦凡夫審謂為有故於凡為諦

栖玄寺曇宗諮曰聖人為見世諦為不見世諦

令旨答曰聖知凡人見有世諦若論聖人不復見此

又諮聖人既不見世諦云何以世諦教化衆生

令旨答聖人無惑自不見世諦無妨聖人知凡夫所見

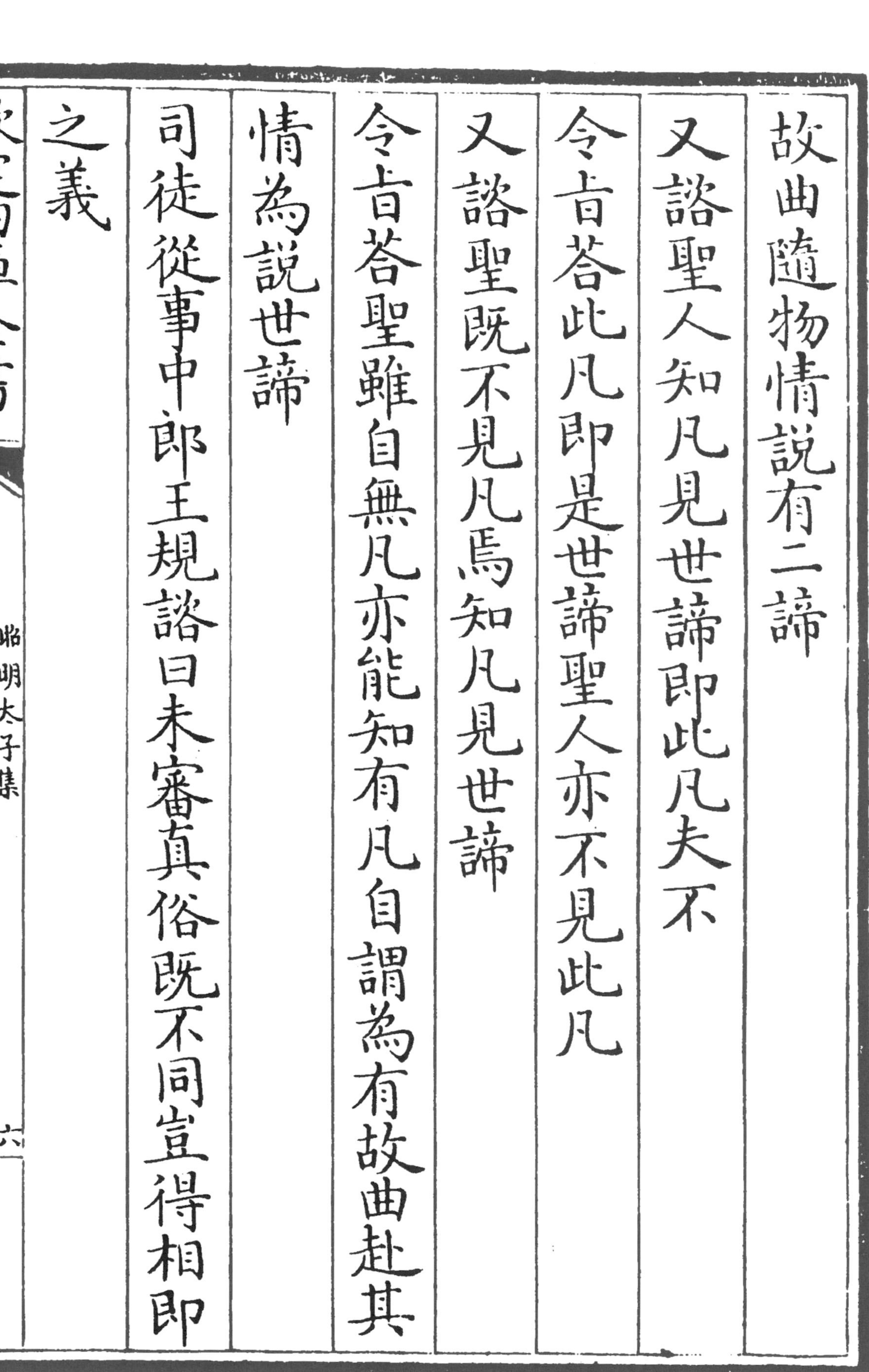

故曲隨物情說有二諦

又諮聖人知凡見世諦即此凡夫不

令旨荅此凡即是世諦聖人亦不見此凡

又諮聖既不見凡焉知凡見世諦

令旨荅聖雖自無凡亦能知有凡自謂為有故曲赴其情為說世諦

司徒從事中郎王規諮曰未審真俗既不同豈得相即之義

令旨答聖人所得自見其無凡人所得自見其有見自不同無妨俗不出真外

又諮未審既無異質而有二義為當義離於體為當即義即體

令旨答更不相出名為一體愚聖見殊自成異義

又諮凡夫為但見俗亦得見真不

令旨答止得見俗不得見真

又諮體既相即寧不覩真

令旨荅凡若見眞不應覩俗覩俗既妄焉得見眞

靈根寺僧遷諮曰若第一以無過爲義此是讚歎之名

眞離於俗亦應是讚歎之名

令旨荅曰即此體眞不得言歎第一義諦既更立美名

所以是歎

又諮無勝我者既得稱讚歎我體即眞何以非歎

令旨荅無勝我者所以得稱讚歎我體即眞亦是我眞

故非讚歎

又諮我無過者所以得稱讚嘆我是不僞何得非讚

令旨答不僞只是當體之名如人體義謂之解義正足稽其實體豈成讚嘆

又諮此法無能出者焉得即是讚嘆

令旨答既云無出非讚如何

羅平侯蕭正立諮曰未審俗諦是生法以不

令旨答曰俗諦之體正是生法

又諮俗既橫見何得有生

令旨答橫見爲有所以有生

又諮橫見爲有實自無法實既無法說何爲生

令旨答即此生法名爲橫見亦即此橫見名爲生法

又諮若是橫見不應無生若必有生何名橫見

令旨答既云橫見實自無生但橫見爲有有此橫生

衡山侯蕭恭諮曰未審第一義諦既有義目何故世諦獨無義名

令旨答曰世既浮俗無義可辨

又諮若無義可辨何以稱諦

令旨答凡俗審見故立諦名

又諮若凡俗見有得受諦名亦應凡俗見有得安義字

令旨答凡俗審見故諦名可立浮俗無義何得强字為義

又諮浮俗雖無實義不無浮俗之義既有此浮俗何得不受義名

令旨答正以浮俗故無義可辨若有義可辨何名浮俗

中興寺僧懷諮曰令旨解言眞不離俗俗不離眞未審眞是有相俗是有相有無相殊何得同體

令旨答曰相與無相此處不同但凡所見有即是聖所見無以此爲論可得無別

又諮既是一法云何得見爲兩見既有兩豈是一法

令旨答理乃不兩隨物所見故得有兩

又諮見既有兩豈不相違

令旨答法若實兩可得相違法實不兩人見自兩就此

作論焉得相乖

又諮人見有兩可說兩人理既是一豈得有兩

令旨答理不兩而令人成兩

始興王第四男蕭暎諮曰第一義諦其義第一德亦第一不

令旨答曰義既第一德亦第一

又諮直言第一已包德義何得復加義字以致繁複

令旨答直言第一在義猶昧第一見義可得盡美

又諮若加以義字可得盡美何不加以德字可得盡美

令旨荅第一是德豈待復加但加義字則德義雙美

又諮直稱第一足見其美偏加義字似有所局

令旨荅第一表德復加義字二美俱陳豈有所局

吳平世子蕭勵諮曰通旨云第一義諦世諦褒貶立名真俗二諦定體立名尋真諦之理既妙絕言慮未審云何有定體之旨

令旨荅曰談其無相無真不真寄名相說以真定體

又諮若真諦無體今寄言辨體未審真諦無相何不寄

言辨相

令旨荅寄言辨體猶恐貶德若復寄言辨相則有累虛玄

又諮真諦玄虛離於言說今既稱有真豈非寄言辨相

令旨荅寄有此名名自是相無傷此理無相虛寂

又諮未審此寄言辨體為是當理為不當理

令旨荅無名而說名不合當理

又諮若寄言辨名名不當理未審此寄將作何說

令旨荅雖不當理為接引衆生須名相說

宋熙寺慧令諮曰眞諦以不生爲體俗諦以生法爲體

而言不生即生生即不生爲當體中相即爲當義中相即

令旨荅云體中相即義不相即

又諮義既不即體云何即

令旨荅凡見其有聖覩其無約見成異就體恒即

又諮體既無兩何事須即

令旨荅若體無别兩縁見有兩見既兩異須明體即

又諮若如解旨果是就人明即

令旨荅約人見為二二諦所以名生就人見明即此亦何妨

始興王第五男蕭曄諮曰真諦稱真是實真不

令旨荅曰得是實真

又諮菩薩會真之時為忘俗忘真不

令旨荅忘俗忘真故說會真

又諮若忘俗忘真故說會真忘俗忘真何謂實真

令旨荅若存俗存真何謂實真正由兩遣故謂實真

又諮若忘俗忘真而是實真亦應忘真忘俗而是實俗

令旨荅忘俗忘真所以見真忘真忘俗彌見非俗

又諮菩薩會真既忘俗忘真今呼實真便成乖理

令旨荅假呼實真終自忘真兩忘稱實何謂乖理

興皇寺法宣諮曰義旨云俗諦是有是無故以生法為

體未審有法有體可得稱生無是無法云何得有生義

令旨荅俗諦有無相待而立既是相待故並得稱生

又諮若有無兩法並稱為生生義既一則有無無異

令旨荅俱是凡夫所見故生義得同是有是無焉得不異

又諮若有無果别應有生不生

令旨荅旣相待立名故同一生義

程鄉侯蕭祇諮曰未審第一之名是形待以不

令旨荅正是形待

又諮第一無相有何形待

令旨荅旣云第一豈得非待

又諮第一是待既稱第一世諦待於第一何不名為第二若俗諦是待而不稱第二亦應真諦是待不名第一

令旨答若稱第一是待於義已足無假說俗第二方成相待

又諮若世諦之名不稱第二則第一之稱無所形待

令旨答第一褒真既云相待世名是待直置可知

光澤寺法雲諮曰聖人所知之境此是真諦未審能知之智為是真諦為是俗諦

令旨荅曰能知是智所知是境智來㝠境得言即真

又諮有智之人為是真諦為是俗諦

令旨荅若呼有智之人即是俗諦

又諮未審俗諦之人何得有真諦之智

令旨荅聖人能忘於俗所以得有真智

又諮此人既㝠無生亦應不得稱人

令旨荅㝠於無生不得言人寄名相說常自有人

靈根寺慧令諮曰為於真諦中見有為俗諦中見有

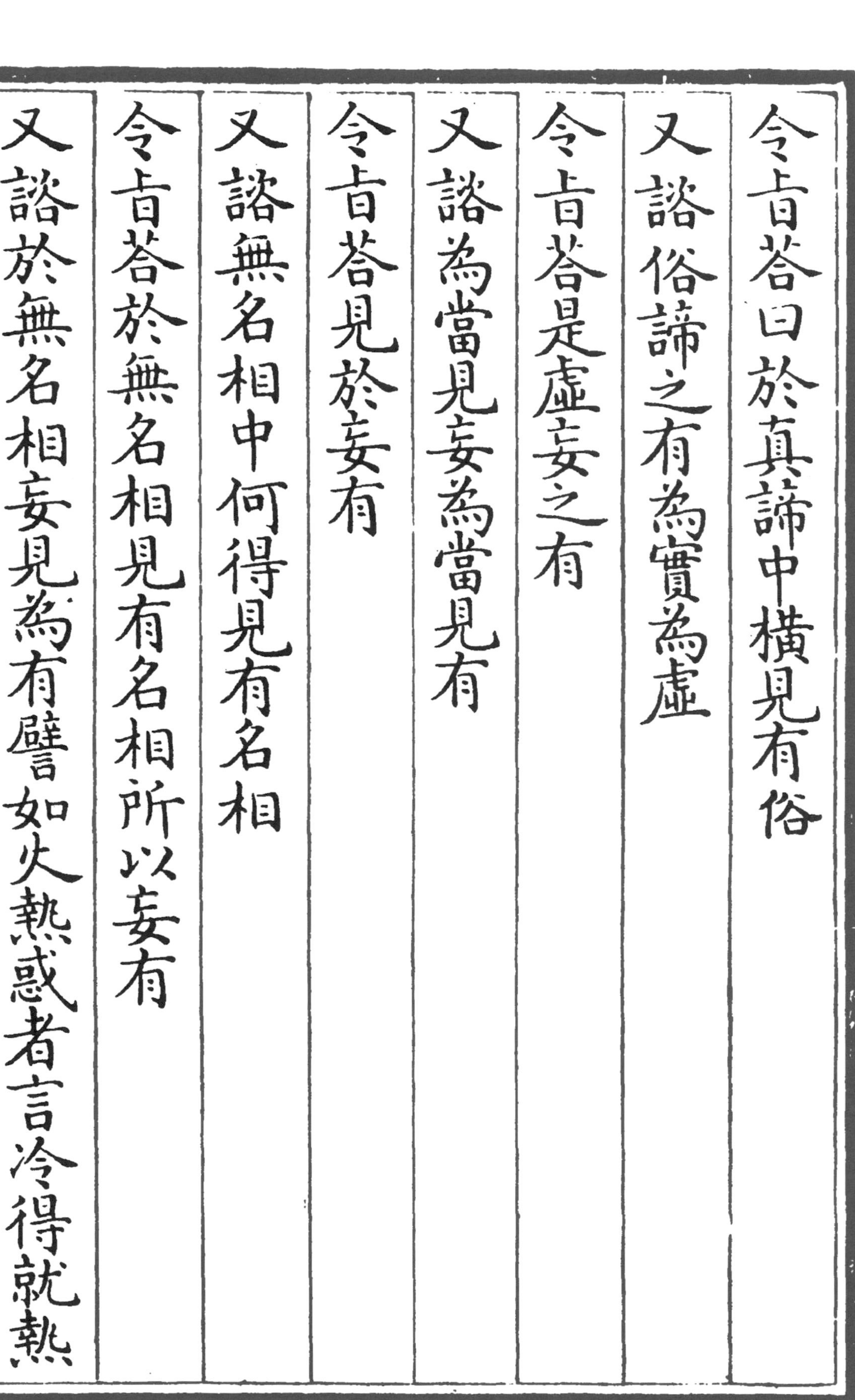

令旨答曰於真諦中橫見有俗

又諮俗諦之有為實為虛

令旨答是虛妄之有

又諮為當見妄為當見有

令旨答見於妄有

又諮無名相中何得見有名相

令旨答於無名相見有名相所以妄有

又諮於無名相妄見為有譬如火熱惑者言冷得就熱

中有冷相不若於無名相而有名相亦於火中應有此
冷
令旨荅火自常熱妄見有冷此自惑冷熱未嘗異
湘宮寺慧興諮曰凡夫之惑為當但於真有迷於俗亦
迷
令旨荅曰於真見有此是迷真既見有俗不成迷俗
又諮若使解俗便成解真若不解真豈得解俗
令旨荅真理虛寂惑心不解雖不解真何妨解俗

又諮此心不解眞於眞可是惑此心既解俗於惑應非惑

令旨荅實而爲語通自是惑辨俗森羅於俗中各解

莊嚴寺僧旻諮曰世俗心中所得空解爲是眞解爲是俗解

令旨荅可名相似解

又諮未審相似爲眞爲俗

令旨荅習觀無生不名俗解未見無生不名眞解

又諮若能照之智非真非俗亦應所照之境非真非俗若是非真非俗則有三諦

令旨荅所照之境既即無生無生是真豈有三諦

又諮若境即真境何不智即真智

令旨荅未見無生故非真智何妨此智未真而習觀真境豈得以智未真智而使境非真境

宣武寺法寵諮曰真諦不生不滅俗諦有生有滅真俗兩義得言有異談其法體只得是一未審體從於義亦

得有二不

令旨荅曰體亦不得合從於義

又諮未審就凡聖兩見得言兩義亦就凡聖兩見得言兩體

令旨荅理不相異所以云一就凡聖兩見得有二體之殊

又諮若使凡者見有聖人見無便應凡夫但見世諦有聖人應見太虛無

令旨荅太虛亦非聖人所見太虛得名由於相待既由待生竝凡所見

又諮凡夫所見空有得言是一不

令旨荅就凡為語有實異無約聖作談無不異有

建業寺僧愍諮曰俗人解俗為當解俗參差而言解俗為當見俗虛假而言解俗

令旨荅只是見俗參差而言解俗

又諮俗諦不但參差亦是虛妄何故解參差而不解虛

妄
令旨答若使凡夫解虛妄即是解真不解虛妄所以名
為解俗
光澤寺敬脫諮曰未審聖人見真為當漸見為當頓見
令旨答漸見
又諮無相虛懷一見此理萬相並寂未審何故見真得
有由漸
令旨答自凡之聖解有淺深真自虛寂不妨見有由漸

又諮未審一得無相並忘萬有為不悉忘

令旨荅一得無相萬有悉忘

又諮一得無相忘萬有者亦可一得虛懷窮彼真境不

應漸見

令旨荅如來會寂自是窮真淺行聖人恒自漸見

又諮若見真有漸不可頓會亦應漸忘萬有不可頓忘

令旨荅解有優劣故有漸見忘懷無偏故萬有並寂

令旨解法身義并問荅

法身虛寂遠離有無之境獨脫因果之外不可以智知
不可以識識豈是稱謂所能論辯將欲顯理不容嘿然
故隨從言說致有法身之稱天竺云達摩舍利此土謂
之法身若以當體則是自性之目若以言說則是相待
立名法者軌則為旨身者有體之義軌則之體故曰法
身畧就言說粗陳其體是常住身是金剛身重加研覈
其則不爾若定是金剛即為名相定是常住便成方所
所謂常住本是寄名稱名金剛本是譬說及談實體則

性同無生故云佛身無為不墮諸法故涅槃經説如來之身非身是身無量無邊無有足跡無知無形畢竟清靜無知清靜而不可為無無稱曰妙有而復非有離無離有所謂法身

招提寺慧琰諮曰未審法身無相不應有體何得用體以釋身義

令旨答曰無名無相乃無體可論寄以名相不無妙體

又諮若寄以名相不無妙體則寄以名相不成無相

令旨答既云寄以名相足明理實無相

又諮若寄以名相而理實無相理既無相云何有體

令旨答寄言軌物何得無體

又諮亦應寄言軌物非復無相

令旨答軌物義邊理非無相所言無相本談妙體

又諮真實本來無相正應以此軌物何得隱斯真實強言生相

令旨答真實無相非近學所窺是故接諸庸淺必須寄

以言相

光澤寺法雲諮曰未審法身常住是萬行得不

令旨答曰名相道中萬行所得

又諮既為萬行所得豈是無相若必無相豈為萬行所得

令旨答無名無相何曽有得寄以名相假言有得

又諮實有萬行實得佛果安可以無相全無所得

令旨答問者住心謂實有萬行令謂萬行自空豈有實

果可得

又諮見有衆生修習萬行未審何故全謂無為

令旨荅凡俗所見謂之為有理而檢之實無萬行

又諮經說常住以為妙有如其假說何謂妙有

令旨荅寄以名相故說妙有理絕名相何妙何有

莊嚴寺僧旻諮曰未審法身絕相智不能知絕相絕智何得猶有身稱

令旨荅曰無名無相曾有何身假名相說故曰法身

又諮亦應假名相說是智所照何得不可以智知不可以識識

令旨荅亦得寄名相慧眼所見

又諮若慧眼能見則可以智知若智不能知則慧眼無見

令旨荅慧眼無見亦無法可見

又諮若云無見有何法身

令旨荅理絕聞見實無法身

又諮若無法身則無正覺正覺既有法身豈無

令旨荅恒是寄言故有正覺正覺既在寄言法身何得

定有

宣武寺法寵諮曰未審法身之稱為正在妙體金姿丈

六亦是法身

令旨荅曰通而為論本跡皆是別而為語止在常住

又諮若止在常住不應有身若通取丈六丈六何謂法

身

令旨荅常住既有妙體何得無身丈六亦能軌物故可通稱法身

又諮若常住無累方稱法身丈六有累何謂法身

令旨荅衆生注仰妄見丈六丈六非有有何實累

又諮若丈六非有指何為身

令旨荅隨物見有謂有應身

又諮既曰應身何謂法身

令旨荅通相為辯故兼本跡覆求實義不在金姿

靈根寺慧令諮曰未審為以極智名曰法身為以全相故曰法身

令旨荅無名無相是集藏法身圓極智慧是實智法身

又諮無名無相則無身不身既有法身何謂無相

令旨荅正以無相故曰法身

又諮若以無相故曰法身則智慧名相非復法身

令旨荅既是無相智慧豈非法身

又諮如其有身何名無相若是無相何得有身

令旨答於無名相假說法身
又諮若假說法身正存名相云何直指無相而謂法身
令旨答既於無相假立名相豈得異此無相而說法身
靈味寺靜安諮曰未審法身乘應以不
令旨答法身無應
又諮本以應化故稱法身若無應化何謂法身
令旨答本以軌則之體名為法身應化之談非今所軌
又諮若無應化云何可軌既為物軌豈無應化

令旨荅衆生注仰蒙益故云能為物軌化緣已畢何所
應化
又諮若能益衆生便成應化若無應化何以益物
令旨荅能生注仰軌則自成何勞至人俯應塵俗
又諮既生注仰豈無應化若無應化注仰何益
令旨荅正由世尊至極神妙特深但令注仰自然蒙祐
若應而後益何謂至神不應而益故成窮美若必令實
應與菩薩豈殊

昭明太子集卷六

仿古版文淵閣四庫全書

集部・昭明太子集（二冊）

編纂者◆（清）紀昀　永瑢等
董事長◆施嘉明
總編輯◆方鵬程
編印者◆本館四庫籌備小組
承製者◆博創印藝文化事業有限公司

出版發行：臺灣商務印書館股份有限公司
台北市重慶南路一段三十七號
電話：(02)2371-3712
讀者服務專線：0800056196
郵撥：0000165-1
網路書店：www.cptw.com.tw
E-mail：ecptw@cptw.com.tw
網址：www.cptw.com.tw

局版北市業字第 993 號
初版一刷：1986 年 5 月
二版一刷：2010 年 10 月
三版一刷：2012 年 10 月
定價：新台幣 1800 元　A7620252

國立故宮博物院授權監製
臺灣商務印書館數位製作

ISBN 978-957-05-2777-3

國家圖書館出版品預行編目 (CIP) 資料

欽定四庫全書．集部 ： 昭明太子集／（清）紀昀，
永瑢等編纂．-- 三版．-- 臺北市 ： 臺灣商務，
2012. 10
冊；　　公分
ISBN 978-957-05-2777-3（全套 ： 線裝）

1. 四庫全書

082.1　　　　101019884